NATIONAL GEOGRAPHIC

T0042408

Gota por gota

EDICIÓN PATHFINDER

Por Daphne Liu y Jim Enote

CONTENIDO

Jonathan Waterman camina por el lecho seco del río Colorado, a diez millas del golfo de California.

AGUAS EN PROBLEMAS

Sus aguas embravecidas tallaron el Gran Cañón. Ahora el poderoso río Colorado se está secando. Sigue el curso escurridizo de la vida de este río magnífico.

POR DAPHNE LIU

Hacía calor. La tierra seca crujía bajo los pies del viajero. No estaba en el desierto. Estaba parado en el río Colorado. Habían desaparecido las aguas agitadas de antaño.

El viajero era el explorador Jonathan Waterman. Quería remar río abajo por el Colorado de principio a fin. Había comenzado en las Montañas Rocosas, en uno de los nacimientos del río. Después de cuatro meses y medio, había recorrido 2173 kilómetros (1350 millas). En el pasado, hubiese remado todo el camino hasta el mar. Pero el río había cambiado.

Ahora solamente había una forma de terminar su viaje. Durante días, Waterman caminó a través del lecho seco del río. Llevaba su bote inflable sobre la espalda.

Waterman había explorado muchos lugares remotos. Su último proyecto comenzó en Colorado, su estado natal. Quería estudiar cómo los pueblos a lo largo del Oeste de los Estados Unidos dependían del río Colorado.

Tenía otra razón para emprender el viaje. Quería saber cómo estos pueblos cuidaban el río que sus hijos heredarían.

Preocupado por el agua

Tiene razones para preocuparse. A lo largo del río, la gente bloquea su curso y extrae su agua preciosa. Los granjeros usan el agua para sus cultivos. Los acueductos llevan el agua hasta ciudades tan lejanas como Phoenix, Las Vegas y Los Ángeles. Quienes allí viven dependen del Colorado para obtener agua potable.

Sin el agua del Colorado, muchos lugares del Oeste de los Estados Unidos serían desiertos. "Alrededor de treinta millones de personas beben del río", explica Waterman. Como descubrió al final de su viaje, el precio ha sido alto.

La cabecera del río

Al igual que todos los buenos exploradores, Waterman se preparó para la travesía. Se puso en marcha con cámaras, mapas, alimentos, agua, un pequeño calentador y docenas de libros. Comenzó su aventura en el nacimiento del río, en lo alto de las Montañas Rocosas de Colorado.

Allí la nieve se derrite sobre las cimas de las montañas. Cae por las laderas empinadas para formar arroyos helados. Estos arroyos se unen, juntando fuerza en la **cabecera** del río. Entonces, el río se dirige al Sudoeste.

Al cruzar a Utah, Waterman vio el cambio del poderoso río. En algunos lugares, el río serpentea a través de empinadas mesetas o acantilados con cimas planas. Fluye a través de cañones profundos. Allí, la corriente del río es tranquila.

Sin embargo, el río puede cambiar rápidamente. Llegas a una curva. De repente, te encuentras lanzado río abajo por los rápidos de las aguas. ¡Te conviene mantener tus libros y mapas en bolsas herméticas para que no se mojen!

El río Colorado recorre 2333 kilómetros (1450 millas) desde las Montañas Rocosas hasta el Golfo de California (izquierda). En algunos tramos, los viajeros cruzan los rápidos del río (abajo).

Un muro entre las aguas

Cerca de la frontera entre Utah y Arizona, Waterman llegó a la **represa** del Cañón de Glen. Este hace que la corriente disminuya. Es como un inmenso muro de cemento que obstruye el curso del río y permite que fluya sólo parte del agua. El resto queda retenido del otro lado del muro. En este caso, el otro lado es un embalse llamado Lago Powell.

Hace ciento cuarenta años, otro explorador emprendió un viaje similar río abajo por el Colorado. Su nombre era John Wesley Powell. Ahora el caudal del río es la mitad de lo que era en la época de Powell.

La energía del agua

La represa del Cañón de Glen ha producido un gran impacto. Aun así, la gente se ha beneficiado con ella. El Lago Powell controla la inundación río abajo. La represa, además, produce **energía hidroeléctrica** para hogares, negocios y escuelas.

Así funciona. A medida que el agua del río fluye a través de las turbinas de la represa, empuja un conjunto de aspas. A su vez, las aspas en movimiento ponen en funcionamiento generadores eléctricos. Hoy en día, muchas ciudades dependen de la represa para obtener energía eléctrica.

Cerca de una docena de represas disminuyen la corriente del río. Esta es la represa del Cañón de Glen, en Arizona.

En Horseshoe Bend, el río esculpe una curva profunda en las rocas antiguas.

5

Cruzando el cañón

Waterman siguió remando en dirección al Sudoeste alrededor de 160 kilómetros río abajo desde el Lago Powell. Allí es dónde el río serpentea a través de uno de los lugares más famosos de la Tierra, el Gran Cañón.

En ese lugar, el Colorado muestra su fuerza tremenda. Durante millones de años, ha estado esculpiendo su camino a través de la roca maciza. Los resultados son impresionantes. En algunos tramos, el Gran Cañón tiene más de 1,6 kilómetros (1 milla) de profundidad. Puede alcanzar 29 kilómetros (18 millas) de ancho. Y con 446 kilómetros (277 millas) de longitud, es uno de los cañones más grandes del mundo.

Las represas río arriba envían menos agua a través de esta parte del río, pero no han detenido su magia. Waterman viajó río abajo hasta toparse con los enormes muros de la represa, empinados, altos y silenciosos. Allí vio capas de rocas de colores llamadas estratos.

Cada capa pertenece un período distinto de la historia de la Tierra. La historia del Colorado comenzó mucho antes de que aparecieran las personas, las represas y las ciudades.
"La balsa es como una máquina del tiempo", explica Waterman. "Te transporta millones de años atrás".

Un lago grande

En el extremo oeste del Gran Cañón, Waterman se encontró con un muro aún más antiguo y grande. Se trata de la represa Hoover. Está ubicada en la frontera entre Arizona y Nevada. Con 221 metros (776 pies) de altura, es la represa de cemento más alta de los Estados Unidos. ¡La represa pesa más de seis millones, seiscientas mil toneladas!

La represa Hoover formó el Lago Mead, el lago artificial más grande de los Estados Unidos. El Lago Mead es tan enorme que para llenarlo fue preciso utilizar el agua del río Colorado durante seis años. El río que está bajo la represa es ahora un hilito de agua en comparación con lo que era.

Río rojo

Las represas han hecho más que cambiar el flujo del río Colorado. Han cambiado los ecosistemas. El río solía contener mucho cieno o restos de tierra, arena y roca. De hecho, el río debe su nombre al color del lodo que transporta.

El cieno es importante porque aporta nutrientes a las plantas y los animales que viven junto a un río. En la actualidad, gran parte del cieno del río queda atrapado detrás de las represas, en el fondo de los lagos.

El cambio climático también está afectado al Colorado. Cada año, a medida que sube la temperatura promedio de la Tierra, cae menos nieve en los estados del Oeste. Al haber menos nieve, los arroyos que alimentan al río son menos abundantes. Los niveles de agua son tan bajos que el río ya no produce inundaciones. Las inundaciones solían aportar agua a las plantas sedientas de las riberas. Sin agua, las plantas mueren. Lo mismo les sucede a los animales que dependen de ellas para alimentarse.

Altibajos

Aunque Waterman ha detectado los inconvenientes en el camino, también ha visto señales de esperanza. En docenas de lugares, se han plantado árboles para recuperar los cenagales. El gobierno ha reservado tierras de parques nacionales y áreas espaciales para proteger la vida silvestre.

Los cariacúes y alces beben agua de los arroyos cristalinos. Los muflones suben y bajan por los empinados cañones. El ibis de cara blanca vadea en el río en busca de peces. Una noche, un rintel incluso saltó sobre la carpa de Waterman. Todas estas son señales de un ecosistema saludable.

Los ríos como el Colorado son un importante recurso mundial. Afortunadamente, todos nosotros podemos ayudar. Aprende más acerca de dónde viene el agua. Y descubre cómo puedes usar menos. Cada gota cuenta.

VOCABULARIO

energía hidroeléctrica: electricidad producida por la fuerza del agua en movimiento

cabecera de río: comienzo y parte superior de un río

represa: muro de cemento que bloquea el flujo de un río

rintel

Aquí, el río fluye entre los muros empinados y coloridos del Gran Cañón.

La luz del sol hace que el río tenga un magnífico tono verdoso en Emerald Cave, Arizona.

Waterman descansa en un campamento, mientras piensa en los maravillosos giros y vueltas del río.

Fuente de agua. *El agua es escasa en el Sudoeste. Su gente ha aprendido a usarla con inteligencia.*

El milagro del
agua

Como viven en un lugar árido, algunos amerindios
saben lo que todos necesitan recordar.
El agua es preciosa.

Por Jim Enote

Director, A:shiwi A:wan Museo y Centro de Patrimonio Cultural

Cuando era niño, pasaba los veranos en los campos de maíz, ayudando a mis abuelos. Hacía calor, y el trabajo era duro. Mi familia pertenece al pueblo zuni, un grupo amerindio. Nuestro territorio se encuentra tanto en Arizona como en Nuevo México. Los veranos aquí son calurosos y secos.

Cada mañana, mi abuelo y yo caminábamos hasta un **manantial**. Allí brotaba agua fresca y limpia de la tierra. Usábamos el agua para beber y cocinar. A veces, esparcíamos maíz sobre el manantial. Era nuestra forma de decir, "Gracias por mantenernos vivos".

Cuando se vive en un lugar árido, nunca se olvida el valor del agua. "El agua es preciosa", solía decir mi abuela. "Respétala y cuídala siempre". Ella demostraba su respeto incluso en sus objetos de alfarería. En los cuencos que fabricaba, pintaba nubes, lluvia, ranas, todo lo que tuviese que ver con el agua.

¿Qué es una cuenca?

Como podrás ver, nuestro manantial es realmente importante para nosotros. Su agua proviene de aguas subterráneas. Esa es agua que fluye bajo tierra. Imagina si las aguas subterráneas se contaminaran con petróleo o productos químicos. Esto haría que se enfermara mucha gente.

Los científicos que estudian el agua no piensan tan solo en un manantial o un río. Piensan en **cuencas** enteras. Una cuenca es todo el territorio que rodea un río, un lago o una masa de agua. Por ejemplo, la cuenca zuni rodea el río Zuni. Toda la lluvia o la nieve que caen en una cuenca finalmente llegan hasta la misma masa de agua.

Usando un ejemplo de mi parte del mundo, la nieve derretida suele caer por la ladera de una montaña o de un acantilado. Luego fluye hasta un pequeño manantial. A su vez, el manantial fluye hasta el río Zuni.

Todos quieren agua

La contaminación no es lo único que puede afectar una cuenca. También está el desafío de compartir el agua. Supongamos que las personas de una parte de la cuenca usan demasiada agua. Cuando sucede esto, queda poca agua para quienes viven en otras partes de la misma cuenca.

La demanda de agua está aumentando. Esto se debe a que hay más gente en la Tierra que nunca antes, y todos necesitamos agua.

En el futuro, es posible que enfrentemos una grave **escasez** de agua. Una escasez es una falta de algo. Hacia 2025, es posible que casi la mitad de los habitantes de la Tierra tengan problemas para obtener suficiente agua.

Usando el agua con inteligencia

Para los zuni, la necesidad de **conservar** o de ahorrar agua no es nada nuevo. Cuando era niño, aprendí a ahorrar agua. Ahora les enseño este mismo mensaje a los jóvenes.

Una de las formas en las que lo hago es a través del museo que dirijo en Nuevo México. Recientemente, se realizó allí una muestra de arte de niños de aproximadamente tu edad. Pintaron cuadros que mostraban lo que el agua significa para ellos. También llevamos a los niños a los manantiales para que hicieran ofrendas de maíz. Luego hablamos sobre cómo nuestros ancestros siempre usaron el agua con inteligencia.

Los niños y yo no solo hablamos sobre nuestros ancestros. Enseño a los jóvenes a crear jardines igual que lo hicieron nuestros antepasados. El secreto es hacer jardines que parecen waffles gigantescos. Un jardín con forma de waffle tiene cuadrados. Pequeños muros de tierra rodean cada cuadrado. Plantamos cultivos o plantas para comer en los cuadrados. Los muros evitan que el agua se desvíe, por lo que no se desperdicia el agua. Esto nos permite cultivar sin demasiada agua. La fotografía en blanco y negro de esta página muestra un jardín zuni de los años treinta.

Ahorrando agua. *Durante generaciones, los jardines waffle de los zuni los han ayudado a cultivar alimento sin usar demasiada agua.*

Cuando llueve. *En este cántaro zuni, las ranas, mariposas y serpientes acuáticas representan la lluvia que cae en diferentes estaciones del año.*

Punto de referencia zuni.
Los manantiales ubicados cerca de la base de la montaña Corn (montaña del maíz) la hacen importante para el pueblo zuni.

Vocabulario

conservar: usar sin desperdiciar

cuenca: tierras que rodean un río, lago, mar u otro cuerpo de agua

escasez: falta de algo

manantial: un lugar donde el agua brota de la tierra

Qué puedes hacer

Al igual que los jóvenes con los que trabajo, puedes ayudar a ahorrar agua. Una forma de empezar es pensar en todas las formas en las que usas agua durante el día. Luego tienes que ser creativo. Pregúntate cómo puedes usar menos agua y, sin embargo, hacer las mismas cosas.

Este es un cambio muy simple que puedes hacer. Cierra el grifo mientras te cepillas los dientes. Quizá esto no parezca demasiado. Sin embargo, se pueden ahorrar 30 litros (8 galones) de agua por día.

También puedes tomar duchas más cortas. De hecho, puedes compartir el desafío con toda tu familia. ¡Fíjense quién puede ducharse en el tiempo más corto! Alienta a tu familia a no utilizar el lavavajillas o la lavadora de ropa a menos que estén llenos.

Estos son pasos simples, lo sé. De todos modos pueden ayudar. Ahorrar agua de cualquier modo que puedas demostrará que has aprendido una lección clave. Es la que me enseñó mi abuela: "El agua es preciosa".

Navegando por el río

Los estudiantes de la escuela primaria Georgia Avenue, en Memphis, Tennessee, se lanzaron de lleno a aprender sobre las cuencas. Con la ayuda de Wolf River Conservancy, navegaron en balsa por el río Wolf, en la zona oeste de Tennessee. El río fluye hasta el río Mississippi, así que forma parte de una de las cuencas más grandes de los Estados Unidos.

"Remar fue difícil pero divertido", dice Corina Brown, de quinto grado. Mientras remaban por el río, los estudiantes vieron cómo los seres vivientes dependen de la cuenca. Vieron cipreses, tupelos y otros árboles. También vieron muchos animales del río.

A Corina le encantó ver serpientes acuáticas, ranas y renacuajos y cangrejos de río, además de "todo tipo de árboles". La posibilidad de ver todas estas maravillas del agua enseñó a Corin que "es importante cuidar la naturaleza".

Steven Mitchell, también de quinto grado, está de acuerdo con Corina. "Tenemos que proteger a los animales", dice. Él aprendió que una forma clave de hacer eso es "mantener el agua limpia evitando arrojar basura".

El agua es preciosa

Responde las siguientes preguntas para evaluar lo que has aprendido sobre la importancia del agua.

 1 Nombra dos maneras en las que la gente depende del río Colorado.

 2 ¿Qué puede hacer la gente para cuidar el río Colorado?

 3 ¿Qué lección aprendió Jim Enote de su abuela?

 4 Gracias a lo que has aprendido, ¿qué harás para usar el agua sabiamente?

 5 ¿Qué ideas comparten Jonathan Waterman y Jim Enote?